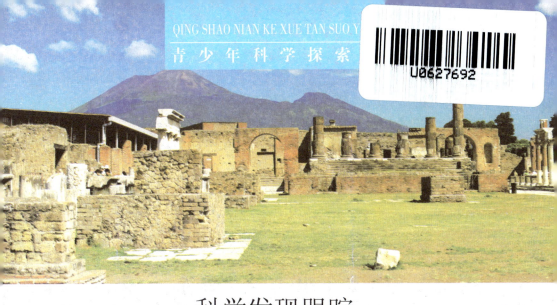

U0627692

科学发现跟踪

余海文 编著　丛书主编 郭艳红

考古：解密考古的悬疑

汕头大学出版社

图书在版编目（CIP）数据

考古：解密考古的悬疑 / 余海文编著. -- 汕头：
汕头大学出版社，2015.3（2020.1重印）
（青少年科学探索营 / 郭艳红主编）
ISBN 978-7-5658-1680-2

Ⅰ．①考… Ⅱ．①余… Ⅲ．①考古发现－世界－青少
年读物 Ⅳ．①K86-49

中国版本图书馆CIP数据核字（2015）第028224号

考古：解密考古的悬疑　　　　　KAOGU：JIEMI KAOGU DE XUANYI

编　　著：余海文	
丛书主编：郭艳红	
责任编辑：宋倩倩	
封面设计：大华文苑	
责任技编：黄东生	
出版发行：汕头大学出版社	
广东省汕头市大学路243号汕头大学校园内　邮政编码：515063	
电　　话：0754-82904613	
印　　刷：三河市燕春印务有限公司	
开　　本：700mm×1000mm　1/16	
印　　张：7	
字　　数：50千字	
版　　次：2015年3月第1版	
印　　次：2020年1月第2次印刷	
定　　价：29.80元	

ISBN 978-7-5658-1680-2

前　言

　　科学探索是认识世界的天梯，具有巨大的前进力量。随着科学的萌芽，迎来了人类文明的曙光。随着科学技术的发展，推动了人类社会的进步。随着知识的积累，人类利用自然、改造自然的的能力越来越强，科学越来越广泛而深入地渗透到人们的工作、生产、生活和思维等方面，科学技术成为人类文明程度的主要标志，科学的光芒照耀着我们前进的方向。

　　因此，我们只有通过科学探索，在未知的及已知的领域重新发现，才能创造崭新的天地，才能不断推进人类文明向前发展，才能从必然王国走向自由王国。

　　但是，我们生存世界的奥秘，几乎是无穷无尽，从太空到地球，从宇宙到海洋，真是无奇不有，怪事迭起，奥妙无穷，神秘莫测，许许多多的难解之谜简直不可思议，使我们对自己的生命现象和生存环境捉摸不透。破解这些谜团，有助于我们人类社会向更高层次不断迈进。

　　其实，宇宙世界的丰富多彩与无限魅力就在于那许许多多的难解之谜，使我们不得不密切关注和发出疑问。我们总是不断地去认识它、探索它。虽然今天科学技术的发展日新月异，达到了很高程度，但对于那些奥秘还是难以圆满解答。尽管经过古今中外许许多多科学先驱不断奋斗，一个个奥秘被不断解开，推进了科学技术大发展，但随之又发现了许多新的奥秘，又不得不向新问题发起挑战。

宇宙世界是无限的，科学探索也是无限的，我们只有不断拓展更加广阔的生存空间，破解更多的奥秘现象，才能使之造福于我们人类，我们人类社会才能不断获得发展。

为了普及科学知识，激励广大青少年认识和探索宇宙世界的无穷奥妙，根据中外最新研究成果，编辑了这套《青少年科学探索营》，主要包括基础科学、奥秘世界、未解之谜、神奇探索、科学发现等内容，具有很强系统性、科学性、可读性和新奇性。

本套作品知识全面、内容精炼、图文并茂，形象生动，能够培养我们的科学兴趣和爱好，达到普及科学知识的目的，具有很强的可读性、启发性和知识性，是我们广大青少年读者了解科技、增长知识、开阔视野、提高素质、激发探索和启迪智慧的良好科普读物。

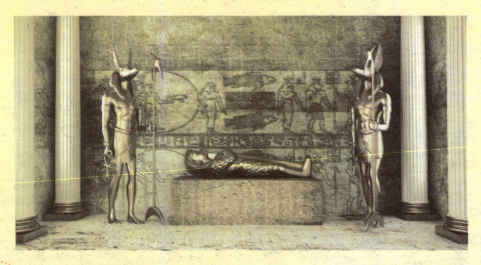

目　录

扑朔迷离的亚历山大墓

神秘人物亚历山大大帝

古代亚历山大帝国的伟大统帅亚历山大大帝，是古代马其顿国王菲烈特二世的儿子。他于公元前336年即位后，便率兵大举侵略东方。在10余年里，东征西伐把东起印度河、西至尼罗河与巴尔干半岛的广阔土地划归为自己的版图。

关于亚历山大大帝的历史，只有一些民间的传抄本，并且与一些史籍中的记载又矛盾重重，而且带有极浓重的传奇色彩。由于历史的久远，人们无法得到更多，所以考古及历史学家把希望寄托在对陵墓的发掘上，然而人们未能获得一些有价值的证据。

1964年的一天，埃及亚历山大市的报纸发表了一则耸人听闻的消息："马其顿国王亚历山大的陵墓找到了！这是波兰考古学家们的巨大成就！"消息很快传遍了全世界。美国《纽约时报》立刻给波兰考古队发了一封电报，希望就这一伟大的发现写篇文章，并给予优厚的稿酬。各国记者也争先恐后地飞抵埃及。同时，大批旅游者的涌进使得埃及警方十分地紧张。

可惜，好像是历史与人们开了一个玩笑，这消息竟然是假的。原来发现的是古罗马时期的一座剧院的遗址，是波兰考古专家出的差错，把人们引向了歧途。那么这位著名的历史人物的陵墓究竟在哪里呢？他又是怎么死的？这一谜团仍没有找到答案。

探寻亚历山大帝的陵墓

亚历山大死后，他的部下托勒密将军用灵车把它的遗体运往埃及，安葬在亚历山大城，并为他建造了一座富丽堂皇的陵墓。

后来的凯撒大帝、奥古斯丁皇帝、卡拉卡尔皇帝等历史上的著名人物都曾到此陵墓朝拜过，还在亚历山大的塑像头上加上一顶金冠。可是到了3世纪，有关陵墓的事，不知为什么无声无息了，甚至连有关的记载都消失了。

642年，阿拉伯大军攻占了亚历山大城，这里的辉煌历史陈迹使他们感叹不已。至1798年，法兰西拿破仑的军队进入亚历山大城时，这里已是一派衰落景象，跟随拿破仑的一些学者还看见不少古建筑的废墟。19世纪末，这里开始建海港，古老的建筑遗址成了采石场，有许多遗迹被深埋入地下。亚历山大城很快成为地中海上一个重要的贸易中心。

古希腊的习俗是把创建城市的国王，在他死后一般都要埋葬在这个城市的中心。根据这个理论，有的考古学家分析认为，陵

墓很有可能在位于城市东部的皇宫区。也有人认为，陵墓应在两条街道的交叉点上，因为这里过去是古城的中心位置。

当时波兰的考古学家玛丽亚·贝尔德就是对当地出土的古陵灯进行了一番研究后发现，古人在制作陶灯时，在上边绘制了古代亚历山大城的模型，根据这张图，她对陵墓的位置做了一个有趣的推测，她认为在模型内的许多建筑物之中，有一个圆锥形的建筑物可能就是亚历山大的陵墓。因为，奥古斯丁皇帝的陵墓是尖顶锥形建筑，这种墓形很有可能就是在仿造亚历山大陵墓。

而英国人维斯曾对托勒密王朝的墓地进行分析研究后，认为这些墓应当同亚历山大陵墓相像。

他想象亚历山大的木棺是安放在一座宏伟的庙宇里，周围是一些圆柱，墓里一定有许多稀奇精美的物品。墓内还可能保存着从埃及各处庙宇送来的经书。

后来直至20世纪70年代，一些考古学家的发现大体上证实了这些猜想。专门研究古代马其顿历史的考古学家安得罗尼克斯依据这种推测发现了亚历山大的父亲——菲烈特二世的陵墓。陵墓大殿的中央停放着高大的大理石石棺，上面装饰着宝石的、沉重的金质瓶状墓饰。国王的遗骨就放在石棺中，他的周围是一些陪葬的珠玉金器，还有王权标志、战盔等物。墓中有5个用象牙雕刻的雕像，制作得相当精美，引人注目的是这5个雕像是国王的一家：菲烈特二世本人、他的妻子、儿子亚历山大和国王的父母。这个发现在考古界引起了巨大轰动。

亚历山大帝陵墓在哪里

人们在惊喜之余不禁要问，菲烈特二世国王的陵墓尚能找到，难道他儿子的陵墓就这么难寻觅？因此有人推测，埃及亚历山大城所谓的陵墓根本不曾存在过，它是历史学家的杜撰，真正的亚历山大尸体在那次拦截案中被托勒密秘密地转移到不为人知的地方。

那么，亚历山大城到底有什么呢？考古学家进行挖掘，发现

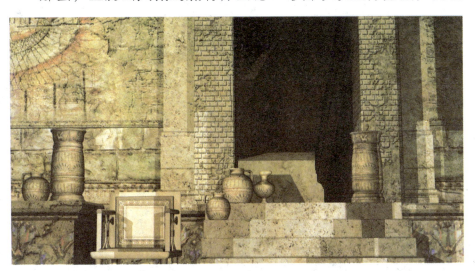

了著名的孟菲斯神牛墓。学者又在海底进行考察，发现了埃及艳后的宫殿，但都没有陵墓的踪影。

亚历山大大帝东征路过埃及的最神秘事就是参拜阿蒙神的活动，他进入了神庙的最里边和阿蒙对话，这次对话的内容成为千古之谜，亚历山大事后没有向任何人提起，他说他只告诉母后奥林匹亚斯。但上天没有给他这个机会，他自从踏上亚洲的土地之后就再没有回到故土。后人猜测锡瓦密谈很可能包含亚历山大的陵墓地点，甚至亚历山大本人就葬在这里的一个不为人知的地方。

20世纪一名希腊女考古学家来到这里发掘亚历山大陵墓，但无功而返。至今人们也没有在锡瓦发现任何有可能是陵墓的遗迹。

延伸阅读

亚历山大大帝曾师从古希腊著名学者亚里士多德，18岁随父出征，20岁继承王位。是欧洲历史上最伟大的军事天才，马其顿帝国最负盛名的征服者。他使得古希腊文明广泛传播，是世界古代史上最著名的军事家和政治家。

法老图坦卡芒是暴死吗

关于图坦卡芒的传说

关于埃及法老图坦卡芒有着两个传说。

第一个传说是说图坦卡芒继承的王位是由于他的稀世之美，被法老的公主选为附马才获得的。但其继位的同一年里突然暴死，年轻的王后悲痛欲绝，以最盛大的仪式厚葬其夫。多少年以来，人们一直传说图坦卡芒法老的陵墓富丽豪华。然而盗墓者们走遍了"王墓之谷"，都没有发现图坦卡芒法老墓室的踪影。

还有另外一种传说。在图坦卡芒法老神秘地死去之后，年轻

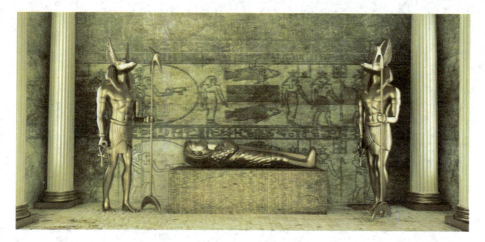

的王后给西亚的赫提国王写了一封信，请求他选一名王子前来成婚，执掌王权。可是赫提王子在赴埃及途中却遭到伏击，被人杀死。最后，老臣阿伊登基称王，原来的王后也不知所终。图坦卡芒法老和王后都死得不明不白，因此他们的墓室是否得以保存，值得猜疑。

发掘图坦卡芒之墓

20世纪初，一位美国人在王墓之谷发掘古墓，他搜索了整整5年，终于在一个小坑里发现了标有图坦卡芒字样的陶罐。当他兴致勃勃地准备大干一场的时候，第一次世界大战爆发了，发掘工作只好暂停。

战后一个名叫卡特的英国人接手了这一工作。经过6年的辛勤劳动，他终于发现了一组石阶引导下的王陵大门。这就是震惊世界考古界的图坦卡芒之墓。

当时，王陵的大门上还存有封泥和印章。打开封门，走过10多米长的倾斜墓道，来到那扇神秘的墓门前。卡特手持探棒在墓门上捅开了一个小洞，先伸进一支蜡烛，然后又伸进头去。开始他什么也看不见，只觉得墓中一股热气冲得烛光闪闪烁烁，慢慢地墓内的景象也从雾气中显现出来：异兽雕刻、塑像、黄金。眼前的一切让卡特目瞪口呆，站在他身后的人急不可耐，连声催问："看见了什么没有？"

卡特费了好大的劲儿才克制住奔腾的思绪，喃喃地说："看见了，美妙绝伦。"

当人们小心翼翼打开墓门进入前室的时候，只见门槛上散落着鲜花，似乎还是刚刚撒下的，油灯灯罩上存有新鲜的烟灰，似乎是才熄灭。整个墓室的宁静气氛，仿佛在提示人们，葬礼是在昨天举行的，而法老才刚刚睡熟。

图坦卡芒墓的贡献

图坦卡芒墓的发现对考古学是一个巨大的贡献，因为在图坦卡芒法老墓内，人们第一次领略到了古代埃及法老的葬礼文化，葬制，葬服，前所未见的古代工艺品及其陈列的次序、规模等。

堆积如山的龛、箱、匣、柜和各种家具，包罗了人世间一切实用的和可供观赏的华贵物品。

它们井然有序地陈列在墓室里，每一件都是贴金、镶玉、绘彩、嵌宝的。不仅整个墓室富丽堂皇，穷奢极侈，令人惊叹不已，而且它所揭示的古埃及人的生活习俗、方式和文化水平，更使历史学家们欣喜若狂。

图坦卡芒法老之墓被发掘之后，人们又花了10年的时间才清理完其中的物品，由此可见墓中珍宝的丰盛。

在整个法老墓的发掘清理过程中，人们不由得对这座陵墓的主人，也就是早夭的图坦卡芒法老产生了兴趣。与其人同样大小的乌木塑像细腻传神的浮雕和壁画，一次又一次地介绍人们认识这位年轻的国王，他是多么俊美、勇敢和健壮。

图坦卡芒的遗体在哪呢

图坦卡芒法老的遗体安放在哪里呢？整个王墓分前室、耳房、库房和墓室4间。墓室里没有置放多余的家具，却有一座硕大无比的贴金木龛隔出了一个室中之室。贴金木龛的表面为这个室中之室筑起四面灿烂耀眼的黄金之墙，而在金壁之下置放着一具略小一点的4层木龛。

木龛里盛放着一具巨大、庄严的石椁。打开椁盖，使得人们惊叹不已的是一具人形的贴金木棺。再打开这层人形木棺之后，又是一具闪耀着奇异色彩的贴金木棺。

而最后一层人形棺更令人拍案叫绝，原来竟是用一整块黄金锻打而成，最厚的地方足足有0.03米。至此为止，人们感到，以往对古墓的知识和想象都已用尽，再也无法猜测棺里还能包藏着什么令人惊奇的事物了。

纯金的棺盖被掀开了，人们终于看到了图坦卡芒法老的木乃伊，裹着亚麻布的尸体上涂满了香料和油脂，而木乃伊的头上却齐肩罩着真金的面具，黑宝石的眼睛里闪耀着迷人的光芒。

移去金面具，除去一层又一层的亚麻布，取下无数的护身符、项链、戒指和耳环，终于只剩下了最后一层亚麻布……

我们不妨想象一下，这个当年目如明星、唇如施朱、具有绝世风采的美少年，如今的面目会如何呢？

最后一层亚麻布被打开

了，人们为所看到的一切惊呆了，图坦卡芒靠近左耳垂的脸上有一道致命的伤痕。这足以说明传说中的法老及王后的暴死并非谣传。

金室玉椅、珠围翠绕增添了这个年轻人黄泉丧生的悲剧气氛，但却不能给人们了解这段带有血腥味道的历史提供多少线索。

也许，在这个怪石狰狞的幽谷里，在这黄沙吞噬的荒原下，会埋藏着更加令人惊心动魄的证据，能够揭开这个谜底。

延 伸 阅 读

古埃及法老是神的化身，法老不仅具有行政最高权力，还是最高祭司和被崇拜的对象。古埃及历史上法老一般有5个称谓，它们分别是荷鲁斯名、两女神名、金荷鲁斯名、登基名和原名。

埃及艳后是怎么死的

埃及王位之争

克里奥帕特拉七世是埃及国王托勒密十二世和克里奥帕特拉五世的女儿，生于公元前69年，从小在宫廷中长大。她是马其顿人的后裔，美貌出众，姿色超群。公元前51年，托勒密十二世去世，按照遗诏和当时法律规定，21岁的克里奥帕特拉和比她小6岁的异母弟弟结成夫妻，共同执政。由于在宫廷斗争中失败，公元前48年，她被其弟逐出亚历山大城。她野心勃勃，在埃及和叙利亚边界一带招募军队，准备回埃及跟弟弟争夺王位。

此时，适逢恺撒追击其政敌庞培来到埃及，他以罗马国家元首的身份对埃及王位之争进行调停。

克里奥帕特拉的爱情

在此过程中，克里奥帕特拉的一个党人想出了一条巧计：把女王包在毛毯里，然后派士兵化装成商人，把女王抬到恺撒的行馆。恺撒打开后，发现站在面前的是一个美貌艳丽的女子，恺撒为她的美貌所倾倒。两人一见钟情，为后世留下了香艳的政治联姻的故事。

克里奥帕特拉夜闯军营的壮举，后来自然得到了满意的回报。她成了大权独揽的埃及女王。

公元前47年9月，恺撒在平定小亚细亚的战乱和庞培余党后，回到罗马，但他无时不思念克里奥帕特拉七世。公元前45年，克里奥帕特拉七世就应恺撒之邀来到罗马。当她进入罗马城时，恺撒亲自去迎接，同时也轰动了整个罗马上层社会，一些罗马达官贵人都以瞻仰艳后的风姿而感到荣幸。不料，恺撒于公元前44年3月15日被刺身亡，她怅然离开了罗马。

女王与安东尼的婚姻

恺撒死后，安东尼称雄罗马。当他巡视东方殖民地时，在小亚细亚的塔尔累马城，派人传达召见女王的命令。为了取得这位新贵的欢心，她刻意将自己打扮起来，显示出动人心魄的魅力。这位早在罗马时已使安东尼垂涎欲滴的美人，很快便投入了他的怀抱。安东尼毅然放弃了他到东方的使命，乘坐女王的豪华游艇，一起回到了亚历山大城。从此，他俩如胶似漆，恩爱非凡，在埃及王宫厮混了漫长的5年。后来，安东尼违心地与政敌屋大维的姐姐成婚，但不久便找到借口回到东方，遗弃了他的妻子，与克里奥帕特拉举行了婚礼。

这种违反罗马婚俗的举动，自然遭到了舆论的谴责，加上他

擅自将罗马帝国在东方的大片殖民地，送给了被他尊奉为"众王之女王"的克里奥帕特拉，这就更加激起了罗马人的愤怒。在屋大维的煽动下，罗马元老院和公民大会，撤销了他的执政官职务，并剥夺了他的一切权力。

克里奥帕特拉的失败

公元前31年，安东尼与屋大维会战于阿克提乌姆海角上。正当酣战之际，克里奥帕特拉命令她的舰队退出战斗，结果使安东尼海军阵容大乱，当此胜败存亡的紧急关头，身为全军主帅的安东尼，一看见艳后已率舰逃跑，居然丢下为自己血战的10万将士，乘一艘小船追赶艳后而逃亡埃及。一年后，屋大维兵临埃及，由于埃及军队叛变，安东尼见大势已去，解下披甲，抽出佩剑，结束了自己的生命，时年52岁。

克里奥帕特拉被屋大维生俘后，想以美色再次迷惑屋大维，但没有奏效。一天，当她得知她将作为战利品被带到罗马游街示众的消息后，便恳求屋大维让她为去世的安东尼祭奠。她写了自己的遗书，沐浴后，用了一顿丰盛的晚餐。此后，便怅然地进入自己的卧室，安详地平躺在一张金床上，从此再没有醒来。慌忙赶到的屋大维对她的自杀虽然感到失望，但不能不钦佩她的伟大，便下令将她的遗体安葬在安东尼身边。

女王死因的争议

克里奥帕特拉女王自杀了。这位绝代佳人的死，不仅给后人留下了许多脍炙人口的佳话，而且为古今中外史学家留下了一个至今不解之谜：她究竟是用什么方法自杀的呢？

一种传统观点认为，女王事先安排一位农民带进墓堡一只盛满无花果的篮子，里面藏有一条叫"阿斯普"的毒蛇，让它咬伤了自己的手臂，导致中毒昏迷而死。或者是，女王早就把蛇喂养在花瓶里。用一枚金簪刺伤它的身体，引它发怒，直至它缠住她

的手臂。另一种意见认为，女王不是死于毒蛇，而是用一只空心锥子，刺入自己的头部所致。

然而，也有不少人反对上述两种意见，因为死者尸体上没有发现有刺伤和咬伤的痕迹，在墓堡中也未找到任何有毒的小蛇。他们认为是服毒而死。坚持是毒蛇咬死的人根据考证材料提出，墓堡朝向大海的一侧开有一个窗户，受惊的毒蛇是可以从这里溜走的，另外，女王的医生认定："在她的手臂上，确实有两个不大明显的疤痕。"

延 伸 阅 读

盖乌斯·尤利乌斯·恺撒即恺撒大帝。恺撒出身贵族，历任财务官、祭司长、大法官、执政官、监察官、独裁官等职务。公元前49年，他率军占领罗马，打败庞培，集大权于一身，实行独裁统治，制订了《儒略历》。

17000

北京公主坟里的公主

公主坟里的公主

在北京的复兴门外，复兴路和西三环路交界处的街心花园，有个著名的公主坟。

自从电视连续剧《还珠格格》映播后，人们对京西公主坟内埋葬的公主是谁，引起了广泛的关注，众说纷纭。有的说是乾隆义女，有的说是金泰之妻，有的说是奇女孔四贞等。

至于传说最多的是，降清明将孔有德之女孔四贞就埋葬于公主坟。

因为明将孔有德降清后屡次立战功，如取南京、攻江阴、征贵州、战广西等，顺治六年被封为"定南王"。

在顺治九年，孔有德在桂林被明将李定国围困，受伤后

自杀身亡。

顺治母亲孝庄皇后收养其女孔四贞为义女，并封为和硕公主，成为清朝唯一的汉族公主。她武艺高强，经历富有传奇色彩。因此就以讹传讹地流传开了。

公主坟谜底地揭开

其实公主坟内的公主是谁，早在1965年修地铁时，文物部门就对公主坟进行了考古挖掘，并参考历史资料考证，谜底早已揭开。

这个地方因过去曾葬有清仁宗嘉庆皇帝的两位公主而得名公主坟，两位公主分别葬东西两边。

东边葬的是庄敬和硕公主，她为嘉庆第三女，为和裕皇贵妃所生，生于1781年12月，于1801年11月，下嫁蒙古亲王索特纳木多布济，1811年3月去世，年仅31岁。

西边葬的是庄静固伦公主，为嘉庆四女，为孝淑睿皇后所生，1802年，下嫁蒙古族土默特部的玛尼巴达喇郡王。

因清朝的祖制，公主下嫁，死后不得入皇陵，也不能进公婆墓地，必须另建坟茔，故北京郊区有很多公主坟，有的地方现仍叫公主坟。

因庄敬和硕公主和庄静固伦公主是同年而亡，仅隔两个月，所以就埋葬在同一处了。

公主坟的墓地原有围墙、仪门、享殿等地面建筑，四周及里面广植古松、古柏和国槐、银杏等树木，显得古色古香。地宫均为砖石结构，非常坚固。双墓均为夫妻合葬墓，陪葬品有兵器、蒙古刀及珠宝、丝绸等物。

公主与格格的称谓之别

1636年，仿明制，皇帝的女儿称"公主"，并规定皇后所生之女称为"固伦公主"，"固伦"满语意为天下、国家、尊贵、高雅。妃子所生之女或皇后养女称为"和硕公主"，"和硕"，满语，意为一方。

两种封号强调了嫡庶之别，但偶尔也有例外。

公主不能称为格格，格格是皇家贵族小姐婚前的统称，后来把格格分为五等。

亲王之女称为和硕格格；世子及郡王之女称为多罗格格；多罗贝勒之女也称为多罗格格；贝子之女称为固山格格；镇国公、辅国公之女称为格格。公以下之女称为宗女。若为侧室所生，均依次降二等。

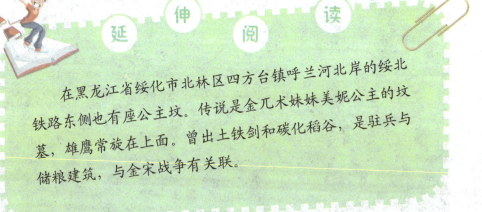

延 伸 阅 读

在黑龙江省绥化市北林区四方台镇呼兰河北岸的绥北铁路东侧也有座公主坟。传说是金兀术妹妹美妮公主的坟墓，雄鹰常旋在上面。曾出土铁剑和碳化稻谷，是驻兵与储粮建筑，与金宋战争有关联。

淹没在海底的法老城

传说中的法老城

在古埃及众多扑朔迷离的奥秘中，有一个谜多年来一直吸引着考古学家和寻宝者，那就是失落的法老城。从远古时代，在古希腊寓言、神话和史诗中就曾先后多次说道，地中海边曾经有过一个极其强盛、繁华和文明的城市——埃及的法老城。

按照古希腊史诗中的描述，法老城高度发达的文明将同时代世界其他地方的文明远远地抛在后面，其城市现代化的程度甚至可以达到20世纪城市建设的水平。最有意思的是，从来没有人提

过这个城市群何时兴起，居住在这里的人们来自何方，他们为什么突然拥有了高度发达的文明。

在希腊"历史之父"希罗多德所著的《历史》一书里，详细地描述了访问古埃及法老城时的见闻，如港口伊拉克利翁和城中极为壮观的"大力神"庙宇殿堂。

古希腊地理学家们更进一步描述了法老城的城市建筑和城市居民们富庶的生活方式，他们尤其推崇法老城中的伊拉克利翁。按史诗中的描述，伊拉克利翁是当时地中海最繁华的港口城市，而法老城则是世界上许多宗教的朝圣之地。

那里的人们崇拜天上的星星，常常自称祖先来自"神秘的天上"，他们的祖先甚至还给他们留下了神秘的"文明"，使他们过着非常文明、富足和安逸的生活。

希腊的先哲们还讲到，法老城的女性更是那个城市的骄傲，她们优雅而高贵，貌美如天仙，个个光彩照人。到了夜晚华灯初上，街道上车水马龙，许多女人喜欢穿简洁典雅的长袍和紧身胸衣，脖子和手腕上戴着用珠宝和钻石点缀的黄金首饰，手上戴着丝网手套在大剧院里看演出。

发现失踪的法老城

为了找回这个失落的法老城城市群，世界考古学家们耗去了数代人的心血。

2000年6月3日，这个考古队在亚历山大港发现失踪了2500年的埃及法老城。他们宣称，在亚历山大湾马本路克要塞附近的一座城堡下，发现了破碎的法罗斯灯塔的残留物之后，就开始采用全球定位系统三角测量技术，进行水下全方位测量。

凭借高科技的核磁共振成像设备、声呐物探技术等，他们不仅在岸上绘制出了法老城的地形图，还在能见度极低的水下，认读了法老城那些巨大的石碑上的象形文字。

当身着潜水服的考古学家潜入海底时，被眼前的景象惊呆了。保持得完完整整的房子，富丽堂皇的庙宇、宫殿，先进的港口设施和描述当年市民生活的巨型雕像，就像一座被时间骤然凝固的城市。巨型雕像展示当年法老城的居民过着极尽奢华的生活。

专家们在海底发现了2000尊具古代雕像和石材，其中有托勒密王朝二世时期制作的狮身人面像的头部，重达5吨。他们还发现了狮身人面像的底座。底座长3.5米，其侧面刻有托勒密王朝二世的称号。同样的称号在狮身人面像的胸部也有发现。据报道，这次在海底发现的狮身人面像共有12尊之多。

众说法老城的建造者

考古学家们关心的是法老城的建造者和它的建造年代，寻宝者们关心的则是它的宝藏及其价值，而两者又有着密切的关系。法老城应该是谁造的呢？目前有几种不同的说法。

有人认为，水下发现的众多石像都刻有托勒密二世的称号，因此这座城市应是托勒密二世建造的，建造的时间应在公元前3世

纪初。

有人根据伊西斯女神像的发现，认为是埃及女王克娄巴特拉所造，如果是这样，建造时间应是公元前30年之前不久。大多数考古学家根据目前打捞出的文物判断，法老城大约修建于公元前7世纪至公元前6世纪。

还有一些人认为，从某些水下巨石上雕刻的塞提一世雕像及其称号来看，法老城的建造应在塞提一世在位时或更早的时代，即公元前15世纪至公元前14世纪。

如果它建造于托勒密二世或克娄巴特拉的时代，那应是希腊文化影响下的产物。如果建于公元前7世纪至公元前6世纪，就应是法老时代末代的遗宝。如果它真的建于塞提一世或更早的时代，那就是无价之宝了。

法老城的消失之谜

还有，法老城究竟是怎样消失的？很多研究者认为，它似乎是毁于一场突发的大规模灾难。仔细观察海底的这座城市，人们发现一个奇异的现象，即所有靠城边的房子和墙都倒向同一方向。为什么会出现这样的绝对一致呢？

根据推测和判断，伊拉克利翁和法老城的其他城市最有可能是毁于大地震，因为从海底保存完好的建筑残骸来看，多数的房子和墙倒向一个方向。

大地震发生后，法老城迅速沉入海底，这也是为什么考古学家今天在距离陆地4海里外的阿布吉尔湾20米至30米深的海水底下

发现法老城的根本原因。

考古学家推测说，这次超大规模的地震应该发生在7世纪或者8世纪，因为潜水员在法老城里发现的银币或者珠宝都是拜占庭时代的，没有比这更晚的了。更重要的是，法老城城址确实是一个极容易发生地震的地区，历史记载，整个地中海地区就数这一带地震最多最为频繁。

据此，考古学家们设想了法老城遭天劫那天的情景。2500年前的某一天，地中海震撼了，一阵惊天动地的震颤将法老城活生生地撕裂了，一条深不可测的深渊出现在法老城城市群中心地带，过惯了安逸舒适生活的法老城的公民们终于感到害怕了。

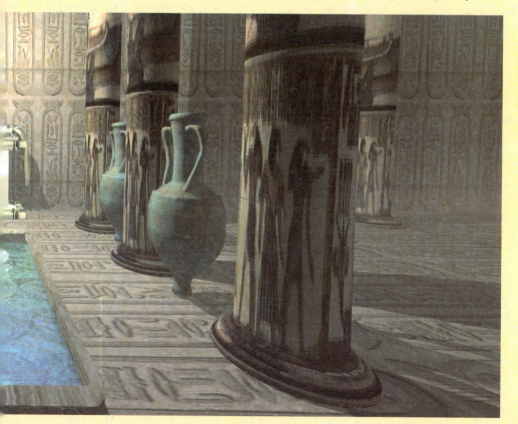

然而，就在他们目瞪口呆的时候，那道裂缝里突然喷出数十米高的海水，转眼之间就将街道、房屋和人们吞没了，海水越涌越多，土地越来越往下沉。

没多久，盛极一时的法老城化为一片汪洋，数不清的生命葬身于茫茫的大海中，几乎没有人逃脱这场灾难，也许正应了古罗马哲学家的说法"遭报应"了。

不过，也有考古学家反对这种说法，特别是他们看到了城市的遗骸后，认为这座城市群是在极短的时间内突然沉入大海的，而法老城的居民们却都在灾难发生前有秩序地撤走或者消失了，然而，这些法老城的居民都到哪里去了呢？为什么没有给他们的子孙后代留一点交代？这些问题至今还没有得到确切的答案。

从那以后，这个城市群就在30多米深的海洋里沉睡了2500多年，直至现在被重新发现为止。对于这座海底城市群的未来，埃及考古部门的态度非常明确——绝大多数的文物及城市建筑就保留在海底里，只将少数的文物打捞起来后送到博物馆展出。

延 伸 阅 读

1998年5月，在澳大利亚新南威尔士州的芒古湖威兰卓湖附近发掘出26000年前的135件人类骨骼、壁炉等史前古器物。在芒古3号坑出土了一具完整的3万年前的男子骨架化石，是按照葬礼仪式埋葬的。

庙宇般宏伟的地下墓室

发现宏伟的地下建筑

在繁荣兴旺的马耳他岛佩奥拉镇，一家食物店的地下竟然埋藏着地中海区域宏伟庞大的地下建筑遗迹。这个遗迹是被一群当时正在这里施工的建筑工人发现的。

1902年，一群建筑工人正在开凿岩石，建造蓄水库，突然脚下的岩石凿空了，下面出现一个大洞，他们探头一看，发现这竟然是一个凿通硬石灰岩后的宏伟地下室。

起初，工人利用石洞来堆放碎石废泥或者垃圾。但有一个工人认为这个洞穴不比寻常，并非自然形成，而是人工凿成的石室，于是他们将这个发现向当地的考古学家报告了。

似庙又似墓的地窖

考古学家得到消息后，立即赶赴现场进行勘察。他们搬走所有垃圾和泥石，发现里面的石室众多，就犹如一座地下迷宫。

石室最深处距离地面10米，它们一间一间地连通，上下共有3层。它由上下交错、多层重叠的多个房间组成。里面有一些进出洞口和奇妙的小房间，旁边还有一些大小不等的壁孔。中央大厅耸立着直接由巨大的石料凿成的大圆柱、小支柱，支撑着半圆形的屋顶。

整个建筑线条清晰、棱角分明，甚至那些粗大的石架也不例外，没有发现用石头镶嵌补漏的地方。它的石柱、屋顶风格与马耳他其他许多古墓、庙宇如出一辙，但别的庙宇都建在地上，这座建筑却深藏于地下的石灰岩中。

考古学家面对这惊人的发现，一时不知道给这个新发现起个什么名字，后来，一个学者只得引用希腊文中"地窖"一词给其命名，意思就是地下建筑。

考古学家在地窖范围内往下发掘时，又发现里面埋藏着7000具骸骨。

这地窖到底有什么作用，又是什么时代筑成的？

地窖筑成的年代比起地窖的作用，较容易获得解答。当地与此建筑风格相近的其他庙宇，多建于公元前2400年前后，其时岛上的石器时代居民豪兴一发，筑成不少宏伟的庙宇。岛民以牛角或鹿角所制的凿子和楔子，用石槌敲进岩石以进行开凿，他们用过的两把石槌及做精工细活时用的隧石和黑曜岩工具，都被发掘了出来。这座"地下建筑"到底是"庙宇"还是"坟墓"？在生

产力极其落后的石器时代，马耳他的岛民为何耗费如此巨大的精力来建造这座庞大的地下建筑？

有人认为它是一座地下庙宇。在这座地下建筑中，有一个奇妙的石室，人们称之为"神谕室"。在"神谕室"的石室里，有一堵墙壁被削去一块，后面是状似壁龛、仅容一人的石窟。一个人坐进去照平常一样说话，声音可以传遍整个石室，并且完全没有失真。

女人说话时声调较高，所以不能产生同样的效果。这石室靠近顶处，沿四周墙壁凿了一道脊壁，女人声音就沿这条脊壁向四处传播。设计石室的人显然知道这个设计能产生特殊传声效果。

因为发现了这回声室，考古学家便认为这座地窖是在宗教方面有特殊用途的建筑，这石室说不定是祭司的传谕所。祭司虽然是男性，但是崇拜的对象大概是个女神。

因为考古学家在地窖发现两尊女人卧像，都是侧身躺卧，另外发现几尊特别肥大，也许以孕妇为蓝本的侧卧像。这些证据显示地窖可能是个崇拜女性的地方。

然而，这座建筑真的就是一座地下庙宇吗？考古学家自从在一个宽度不足12米的小石室里发现埋藏有7000具骸骨后，就对此产生了怀疑。室内骨殖散落，骸骨并非一具具完整的骷髅，说明那是以一种移葬方法集中到室内的，这种埋葬方式，原始民族中很普遍。所谓移葬是初次土葬后若干年，尸体腐烂，成了骷髅，捡拾骨殖移到别处重新埋葬。

难道这座庙宇是供人礼拜之地，也是供死者安息之处吗？马耳他岛上这些早期居民的宗教包括崇拜死者吗？

地下建筑的未解之谜

没有人知道这座庙宇在哪个时期变为墓地，还是初建时就具

有两种用途。许多屹立在地上的庙宇是模仿早期石墓建造的。反之，也许这就是一座仿效地上庙宇模式兴建的坟墓。至于马耳他岛上这种举世无双的地下建筑到底为什么兴建，大概永远是个不解之谜。

延 伸 阅 读

马耳他岛的面积很小，仅246平方千米。但在这样一个小岛上，从1902年开始，人们却发现了30多处巨石神庙的遗址。其中一座名为"蒙娜亚德拉"的神庙，被认为是一座相当准确的太阳钟。

印度古堡的死亡之谜

接二连三的死亡事件

印度塔尔沙漠西部有一个古老的小镇，这里矗立着一座令人毛骨悚然的"死亡之堡"。其实，这座曾结束了数百人畜生命的死亡之堡并无什么特别之处，四壁用宽大的砖石砌成，堡顶用粗大的圆木拼封，地面铺着整齐的长条状石块，东西两壁各开一扇窗子。古堡的死亡秘密，在于它几乎能将所有深夜置身其间的人

畜置于死地，而且尸体上不见任何痕迹。没有一个在古堡待上一宿的人畜不是被抬着出来的。对此，政府唯一做的事就是在古堡大门口贴上一张告示：过往人畜切忌在此留宿！

不过，还是有许多人在这里接二连三地神秘死去。一对分属两个对立家族的年轻人倾心相爱了，这理所当然遭到所有人的谴责和反对。忠于爱情的年轻人铤而走险选择古堡幽会。月光静静地从窗口铺进古堡，小伙子靠在古堡的角落里甜蜜地等待着心上人到来。然而，就在姑娘在踏进古堡的一瞬间，她亲眼目睹了月光下发生的一幕，厄运已经降临在小伙子的身上。第二天人们收拾小伙子冰凉的尸体时，姑娘双目呆滞，语无伦次——她精神失常了。死神以另一种方式封住了唯一的目击者的嘴巴。

使印度政府动用警力破解古堡之谜的是一名贵族小伙子。这位贵族小伙子，在同朋友云游四方时来到小镇。接受过高等教育的小伙子只相信自己大脑里的科学，不信古堡的神秘传说，在小镇唯一的小酒店里，当着善良的酒店主人苏赫大叔，小伙子和他的朋友不听人们的劝说，用各自的良种马打赌，要到"死亡之堡"里呆上一宿。苏赫大叔没收小伙子的晚餐钱。大叔总是这样，他给每一位古堡探险者提供一顿丰盛的晚餐，并说："你明天早上来付钱。"自然这些全都成了最后的晚餐，苏赫大叔从未得到过第二天付的饭钱。

　　贵族小伙子跨进古堡之前，把大门口那张"过往人畜切忌在此留宿"的告示轻蔑地撕下来扔在地上，踏上一脚。小伙子只是撕下了有关死神的告示，可死神却永远撕去了小伙子骄傲的生

命。第二天，英俊的贵族小伙子成了僵尸。于是，警察带着法医来了，法医使尽浑身解数翻来覆去检查尸体，警察将古堡掘地三尺，但最终一无所获。当晚，3名身手敏捷、枪法奇准的警察被安排守在"死亡之堡"里执行人与魔的直面较量。

那个显赫的家族悲愤而固执地要警察局给他们一个说法。第三天，印度塔尔地区警察局失去了3名忠于职守的好警察。

连警察都逃不过死亡的厄运！小镇上的人们再次感受到死神黑色的翅膀在头顶上盘旋，人们确信古堡通向地狱。政府除了重新张贴"不得留宿"的告示外还发布了一项悬赏令：凡能侦破古堡疑案捕获元凶者，奖赏10000卢比！

乔治探险队的失败行动

1923年秋天，著名英国探险家乔治·威尔斯率领他那支所向无敌的探险队向"死亡之堡"远征而来。探险队人饥马乏，粮食已颗粒无剩，金银货币也行将耗尽。

乔治写了一封信准备寄给远在英国剑桥大学的好友，告诉他自己急需填饱肚子，急需一笔经费。在苏赫大叔的酒店里，乔治一口气把悬赏10000卢比的政府布告一字不漏地读了12遍。作为探险家，乔治当然不会贸然行事以致白白送死。

乔治探险队对古堡做了细致入微的勘查和精心周到的准备：他把古堡四周50米范围以内的细沙抹平，以便记录可能留下的痕迹；把窗子下的沙地翻松，确保紧急关头队员们越窗而下时足够安全；检查每个队员的枪支弹药，保证关键时刻不出机械故障；每人的位置都选在靠近门窗，但不从门窗里露出身体。乔治分析，如果堡顶和墙壁足够牢固的话，门窗是杀手唯一的出入口，

并依此计算好射击角度。乔治没忘记从镇上牵来一条狗，他明白狗比最敏锐的人还要敏锐。

按照惯例，苏赫大叔给乔治和他的探险队提供了一顿第二天付费的丰盛晚餐。

探险家在那封寄往剑桥大学的信中加上了印度塔尔沙漠"死亡之堡"的故事，并热情洋溢地告诉他的好友，乔治·威尔斯这一名字将取代"死亡之堡"而矗立在小镇人们的心里，随着明天太阳的升起他将得到10000卢比的奖赏，他把信封好交给邮差。

夜幕降临，镇上的人们退出"死亡之堡"，回到各自家里倾听着古堡方向的动静。夜半，古堡传来两阵凄惨而短促的狗叫。太阳重新升起来的时候，人们怀着兴奋和不安，推开了古堡那扇

厚重的大门。

　　探险家和他的伙伴们倚墙而坐，凝固着昨晚的姿态。这个充满着神奇的世界，永远失去了一位杰出的探险家和一支优秀的探险队。

揭开古堡的死亡之谜

　　数月之后，苏赫大叔的小酒店里来了一个乞丐模样的老头，他干瘪得酷似生物实验里那些风干的标本。瘦老头骑一匹瘦马，驮一只铁箱，牵一只瘦猴。人们逗他取乐，踢那硕大的铁皮箱，箱子里除了一张网就再也没什么了。瘦老头自称是来揭开古堡之谜的，人们鄙夷地打量着他。苏赫大叔明白，又一个付不起饭钱的人想借此混顿饱饭。但仁慈的苏赫大叔还是让瘦老头饱餐了一

顿。吃完饭，瘦老头认真地表示第二天太阳升起来的时候他会用政府的赏金来付饭钱的。人们被逗得有几分乐了。瘦老头一本正经地说："你们应该相信我，真的，应该相信我！"

瘦老头请人帮他把铁箱搬进古堡，表示第二天用赏金加倍付钱。可谁也不忍心把一个可怜的乞丐推进"死亡之堡"，老头只好自己动手用那匹瘦马驮铁箱。第二天，太阳升起的时候，几个年轻人抬着那块抬过无数尸体的木板向古堡走去。

这时，一个瘦小干瘪的身影幽灵般出现在古堡的窗口。年轻人吓得拔腿想跑，但迈不开脚步。幽灵发出一声长啸："哎——小伙子们，别怕，是我！"人们惊呆了，他们从来没有这样吃惊过，幽灵是那个干尸般的瘦老头——他还活着。瘦老头把一个个鸟状的东西从窗口投下。那是一只只死了的红蝙蝠。

原来，在古堡顶的圆木层上生活着一群昼伏夜出的吸血红蝙蝠，这些吸血红蝙蝠长着一根极细极密的长针，它们能在人畜来不及反应的一刹那将长针刺进人畜的大脑并分泌出一种麻醉汁，致人畜昏迷。

　　本来这种红蝙蝠像世界各地的吸血红蝙蝠一样靠吸食动物血液维持生命，但生活在塔尔古堡的它们竟发生了变异，干起了吸食人畜脑髓的罪恶勾当。

　　虽然它们把无数人畜制成了干尸，但它们最终未能逃脱瘦老头为它们布下的网。瘦老头在古堡里布好那张大网，把猴子拴在网下，自己则躲进铁箱子里，通过铁箱上的小孔观察外面的情况并控制操作绳。

　　这个乞丐般的瘦老头是谁呢？还记得探险家遇难前寄出的那封

信吗?瘦老头就是那位收信人,探险家乔治生前的好友、英国剑桥大学著名生物学家。他从事红蝙蝠研究长达20多年,我们现在知道的有关红蝙蝠的知识大都署着他的名字,他的名字叫汤恩·唯尔。

延 伸 阅 读

　　塔尔沙漠也称印度大沙漠,位于印度西北部和巴基斯坦东南部,西以印度河、萨特卢杰河为界,东以印度马尔瓦高原东侧为缘,为印度大沙漠的延伸部分。主要为沙质荒漠,有少数地方有耐干、热的植物可以生存。

火山灰下的庞贝死城

被火山掩埋的庞贝城

在意大利半岛西南角上坎佩尼亚地区，距景绮丽的那不勒斯海港20千米，距维苏威火山约10千米处有一座历史久远的古城——庞贝城。据考证，庞贝古城是在公元前7世纪由奥斯坎斯部族建立的，后来其他部族也来此定居。

至公元前2世纪，庞贝城被罗马人所占领。在公元79年以前，罗马的贵族富商们纷纷到此营建别墅，开设旅馆和商店，人口增至25000多人，成为鼎盛一时的繁华城市。

公元79年8月24日清早，庞贝城的居民像往常一样开始了他们一天的生活——工作、学习、吃饭。突然令人意想不到的事情发生了。顷刻之间，维苏威火山爆发了，前所未有的浩劫降临在这座古城上。

　　灰黄色的山顶上隆隆巨响，火山口喷射出巨量而浓郁的硫化气浪，惨白的烟幕在空中弥漫开来，挡住了阳光，天色突变昏暗，整整3天不见阳光。灼热的岩浆和火山灰吞噬了庞贝城。这座豪华的古城迅即被埋葬在热尘火海之中。沸腾的熔岩和厚厚的火山灰像乌云一般笼盖了整个城市。

　　就这样，古城从古罗马的地图上消失了，历史的记载从此中断了。此后，维苏威火山于203年、305年、472年、512年、536年……又多次爆发过。由于火山灰和熔岩的多次覆盖，使地下的古城埋得更深了，后人在地面上再也见不到古城的一点踪迹了。

庞贝城的挖掘工作

1748年，当地农民在庞贝古城遗址偶然发现了一些遗物，于是寻找庞贝古城的发掘工作就此开始了。4月6日，从棕红色的火灰堆底下发现了第一幅壁画。4月19日，挖出了第一具尸体，身旁撒落一些古代的金币和银币，从尸体留在地上的痕迹来看，这个死者正在急匆匆地去抓滚落的金币时就因火山爆发而致死了。这年11月，发掘工作进展到一个椭圆形的洼地，即原先的露天剧场。

1763年，发掘出一尊大理石雕像，像座上刻有护民官的告示，一块石碑上刻着："庞贝市公所"。人们断定此处就是庞贝古城遗址，但很少有人了解该城的确切方位。直至1890年，人们才开始对它进行系统的挖掘。

1890年，考古学家乌塞皮·菲奥雷利使挖掘工作走向正轨，他还研制了一种新的发掘技术，使死城中被埋葬的人、动物、家

具和木制建筑物等很好地再现了当年被埋葬前的各种风貌。

这种新技术是细心地一层层将火山灰岩剥离下来，以便保持物体原来的形状，接着把石膏浆灌到物体与火山灰岩之间的缝隙中，最后将物体完整无损地摘取出来。再将水泥倒入与原物体一模一样的火山灰模子，浇铸后形成的塑像栩栩如生，再现了当年古城居民临死前的各种姿态。

至1911年，庞贝城的建筑物底部才被挖出来。从此以后，对庞贝城的发掘工作断断续续地一直在进行。发掘出来的大量艺术品、器皿用具和工具后来都在那不勒斯国家博物馆展出。出土的许多文物和尸骨，为人们提供了极有价值的科学研究线索。直至今天，庞贝城的已被发掘出来，重见天日。

庞贝城风貌的再现

庞贝城占地1.8平方千米，有长达4.8千米的石砌城墙。街道规划得十分出色，像围棋盘一样井然有序，纵横各两条石铺街道构成井字形，是主要交通线。

街道上印有深深的车辙，仿佛刚有马车驶过似的。街心有雕塑像的喷泉，以供市民生活需要。许多建筑以优美的雕刻艺术来加以装潢，宏伟壮丽。城内的住宅一般都是高宅深院，院中有喷泉和鱼池，屋后还有花园。

古庞贝居民对剧院的兴趣颇浓，舞台布置十分豪华，全城共有大型剧场3座，最大的一座能容纳观众20000多人。庞贝城里至少有3家公共浴室，冷热浴、蒸气浴样样俱全，还有化妆室、按摩室，墙上都饰有石雕和壁画。

古城最东头有一座圆形体育馆，能容纳10000多名观众。城市的西部是一个公共广场，它是全市政治、经济和宗教活动的中心。广场东侧是工商业者联合会会馆，广场北侧有一个神殿，广场南侧是市政府机关。

在古城遗迹中充分地反映出当时罗马社会道德的堕落情况，一部分人沉溺酒色，风俗败坏，寻求刺激性的感官享受和淫靡生活。古庞贝城中有两多，一是妓院多，一是酒店多，堪称为酒色之都。

市场的角落里还有成堆的鱼鳞，庞贝人总是先将鱼清洗干净再出售。而酒吧的墙壁上仍写有"店主，你要为你的鬼把戏付出代价，你卖给我们水喝，却把好酒留下。"

一户人家的后花园里种满了夹竹桃，厨房的铁炉上架着平底锅，餐桌上的鸡蛋旁放着一只小人玩偶。

公元79年，一位庞贝人死在绘有植物花叶的壁画下，当人们于上千年后挖掘出他的遗骨时，同时发现那幅壁画上刻有一句铭文："没有任何东西可以永恒。"

虽然地球史上每一次火山爆发无不令地貌沧海桑田，但公元79年维苏威火山的爆发却的确令一座城市获得了永生——庞贝无法躲过火山的劫难，但它被掩埋封存在渐渐冷却、凝固、变硬的火山灰中，最终竟躲过了上千年岁月的侵蚀。

古物馆的人体化石

庞贝古物馆收藏着一类特殊的藏品，那就是考古学家依据出土的人体硬壳制作的人体塑像。在火山喷发的一刹那，无数的受害者在火山浮石、毒气、火山灰的夹击中丧生。

火山灰包裹了他们的躯体，凝固了他们最后的姿势，将庞贝人临终前的所有细节都记录了下来。这些人死时大多和他们的财产在一起，有些死难者则手里握有神像，这说明他们在危难时没有忘记向神灵求救。

虽然这些人已经逝去近2000年，仍能给每一个来到这里的人以极大的震撼。其实这些"人体化石"并不是化石，当时没有留下残骸！

由于火山灰等喷发物的温度、化学性质，死尸很难保存下来，当时很多死者的尸体被火山灰裹住了，时间长了以后尸体都腐烂了，但是火山灰留下了很硬的空壳，他们用了一个办法，就是水泥灌注，这样很容易复制出来死者的雕像，这个做法是1890年开始的。

1991年用同样的方法，又复制出来九具尸体，使得人们在灾

难最后一刻所忍受的痛苦和当时的惨状再次浮现。

对庞贝城的未来担忧

今天的庞贝城虽然叫做死城，但它却已成为吸引全世界旅游者的地方，终年旅游者川流不息，熙熙攘攘热闹非凡。游客们从古城残留的颓垣断柱，往往联想到人类坎坷的历史。

唯心主义者鼓吹的"天神惩罚"之说，当然只是无稽之谈，但人类在同地震、火山爆发之类的自然灾害的斗争中，确实付出过巨大的牺牲。

无数的旅游者面对遗址提出疑问：维苏威火山今后还会继续喷发吗？悲剧还会重演吗？死城还会第二次被埋葬吗？

延 伸 阅 读

1748年春天，一名叫安得列的农民在深挖自己的葡萄园，他高举锄头"哐啷"一声，好像掘到了一块巨石，但怎么使劲也拔不出锄头。打开一看，里面竟是一大堆熔化、半熔化的金银首饰及古钱币，从此庞贝古城重见天日。

失落的马丘比丘古城

神秘的马丘比丘古城

马丘比丘位于秘鲁境内安第斯山脉，被称作印加帝国的"失落之城"。这座古城海拔2200多米，两侧都有高约600米的悬崖，峭壁下则是日夜奔流的乌鲁班巴河。由于其圣洁、神秘、虔诚的氛围，马丘比丘被列入全球十大怀古圣地名单。

　　马丘比丘是个石头城，古城街道狭窄，整齐有序，宫殿、寺院、作坊和堡垒等各具特色。无论农业区、城市区还是太阳庙，每个建筑都由巨石垒砌而成，每块石头都打磨得十分光滑。石块与石块之间没任何黏合剂，却严丝合缝，甚至连薄薄的刀片都插不进去。这些石头中，有的重量不下200吨，其中一块石头有33个角，每个角都跟毗邻的石头上的角紧密结合。

　　城中最著名的是"拴日石"，它是一块精心雕刻过的怪异巨石，据说是印加人在每年冬至的太阳节时为祈祷太阳重新回来,会象征性地把太阳拴在巨石上。印加人崇拜太阳,太阳神是他们最重要的神灵,印加王都自称为"太阳之子"。不过这些太阳的子民为何遗弃了他们的拴日石却不得而知。马丘比丘是一座极其繁盛的城市。

　　马丘比丘兴起于12世纪，印加帝国统治者帕查库特克·印加·尤潘基大约在1450年整体建造了该城。它虽然地形险峻，却有完善的灌溉系统，城内规划井然，宗教、军事、民居各占一隅，城中处处透出星辰历法的玄机，窗户都指向夏至和冬至的日出方向，这是在没有车船知识时代的建筑奇迹。

16世纪时，西班牙趁印加帝国内乱之机，侵略了这个统治南美约百个民族的国家，但马丘比丘却因天然的遮蔽而躲过了一次次冲击。但在1532年，西班牙殖民者入侵秘鲁最终还是占领了马丘比丘城。不过后来，这里被西班牙人遗弃，而彻底荒废了300余年。

发现马丘比丘古城

1911年，美国耶鲁大学考古学家宾汉姆在寻找"消失的印加城市"时偶然发现了完全掩盖在一片厚厚热带树林之下的马丘比丘古城遗址。宾汉姆曾说："我所知的世界上，再没有地方能和这儿的景色和吸引力相比……这儿有云雾缭绕的高大雪峰、奔腾咆哮的急流，婀娜多姿的巨大花岗岩壁傲然耸立在数千尺上。"

此后，随着马丘比丘逐步被外界发现，古城开始向现代社会透射出它曾经辉煌的帝国文明。在1981年，马丘比丘周围30000多公顷土地被列为秘鲁的"历史保护区"。这个地区不仅包括遗迹本身，还包括附近的地貌和动植物群，尤其是当地的兰花。

马丘比丘的用途

对于马丘比丘古城为何而建这个问题，一直以来众说纷纭，莫衷一是,大致有以下几种说法。有的考古学家认为马丘比丘是印加的"最后避难所"。这一观点是宾汉姆在1911年提出的，他认为马丘比丘是印加社会的诞生地，当时宾汉姆在当地农民的带领下来到马丘比丘。宾汉姆随后又修改了这一理论，指出马丘比丘是传说中的"迷失之城"。

维尔卡巴姆巴·拉·维加，最后的印加统治者于16世纪在这里与西班牙征服者爆发旷日持久的战争。然而，宾汉姆的这两项理论最后都被证明是错误的。

考古学家已经发现真正的"最后避难所"坐落于伊斯皮里图大草原。这片丛林位于印加首都库斯科西部大约130千米。

马丘比丘建造工艺

印加古城的建筑，全用巨石建成，见不到灰浆的痕迹，在那个荒蛮的时代，达到如此的工艺水平是一个谜。古印加人从哪里，又是用什么方法搬来了这些巨石材料？在崎岖狭窄而危险的山脊上，把巨石运上山巅几乎没有可能。

有秘鲁科学家认为，印加人并没有在悬崖峭壁上搬运巨石，而是在山巅就地取材的。他们在选定的山巅就地采集岩石制作砌块，在山顶开出了一片90000余平方米的开阔平地，垒筑古城。然后把剩余的石块、碎砾全部扔下了山崖，在山巅留下了这座奇迹般的古城。

关于这座印加古城未解的谜团还有很多，比如他们为什么会消失？

遗留的100多具头骨和随后发现的木乃伊带来什么样的古文明信息？总之，马丘比丘充满了无穷的吸引力，等待我们去探索。

延 伸 阅 读

印加帝国是11世纪至16世纪时位于美洲的古老帝国，其版图大约是今日南美洲的秘鲁、厄瓜多尔、哥伦比亚、玻利维亚、智利、阿根廷等地区。首都设于库斯科。帝国的重心区域分布在南美洲的安第斯山脉上一带。

佩特拉古城的石头建筑

佩特拉古城的历史

佩特拉在约旦南部，距首都安曼270多千米，坐落在胡尔山脚下，处于穆萨谷地之中。佩特拉是座历史古城遗址，在人们的心目中，它是带有神话色彩的名胜古迹。

2000多年前，那巴泰人曾在这一带栖息生活，并先后建都于此。由于这里是埃及、叙利亚等国之间的交通要道，很快便成为

商贾云集，繁荣昌盛的商业都市。

在漫长的历史岁月中，佩特拉的土著居民在岩石中雕琢的众多建筑物，逐渐使其成为一座"石头城"，也成为人类文化宝库中一颗闪闪发光的明珠。多少世纪以来，这颗明珠一直没有被人发现。

那时候，约旦地区流传着一个带有神话色彩的民间故事，故事的大意是：在约旦南部广袤的沙漠中有一条神秘的峡谷，这条峡谷既深又长，但不知在何方。一批神人在那里修建了许多宏伟的建筑物，并在里面藏了无数珍宝，谁能找到它，便可成为大富翁。人们一批又一批地前去探索，但都无功而返。这个神话故事一代一代地流传下来，但始终没有人想到，这些建筑物就存在于穆萨山谷之中。

直至1812年，英国游客约翰·白克汀特游览佩特拉时，才第一次揭开这个神话故事的奥秘，闪烁着奇光异彩的"石头城"终与世人见面。佩特拉山谷的岩石呈朱红色或褐色，在朝阳或晚霞的映照下城中的建筑会变成玫瑰色，所以佩特拉也被称作"红玫瑰古城"。

相传，这里是摩西"点石出水"的地方。当年，摩西率领以色列人走出埃及，流落荒野，正当饥渴困乏的时候，摩西得到上帝的帮助，他挥杖击石，激出泉水。

据说，这股泉水至今仍流淌不息。佩特拉古城建在海拔950米的山谷中。进入佩特拉古城，要通过15千米长的峡谷，峡谷最宽处不过7米，最窄处仅能通过一辆马车。

两边的石壁高70至100米，行人抬头仅能望到一线青天。走出

峡谷，是宽广的谷地，豁然开朗。高大雄伟的殿堂排布在周围山崖的岩壁上，门檐相间，殿宇重叠，十分壮观。

佩特拉城的宫殿建筑

佩特拉城的建筑物全都是依傍山势雕琢而成的，这一奇景是大自然的"雕刻师"和能工巧匠共同创造的。

峡谷出口不远便是一座依山凿出的巨大殿堂，高40米，宽30米，这就是卡兹尼石宫，又名"金库"。

传说这里是历代佩特拉国王收藏财富的地方，但也有传言说这里是国王陵墓的灵殿。整个殿门分两层，下层是两根罗马式的石柱，高10余米，门檐和横梁都雕有精细的图案。

殿门的上层雕出了3个石龛，龛中分别雕有天使、圣母和带有翅膀的战士石像。宫殿中有正殿和侧殿，石壁上还留有原始壁画。

城中有一座依山雕琢出的古罗马剧场。可容纳6000人，还保存了露天剧场，剧场看台呈扇形，有数十层石筑阶梯，每10层阶梯中间筑有一个通道，整个剧场沿山而上。

　　舞台上还残存有4根巨大的石柱。城中一座拜占庭风格的建筑，名叫"本特宫"。传说当年城市缺水，国王下令，如果有人能引水入城，就将公主许配给他为妻。一位建筑师开山修渠，将水引进城里。国王履行诺言，将女儿下嫁给他，并赐此宫给他们居住，所以本特宫又叫"女儿宫"。

　　在古城南面的牛山腰，有一座欧翁石宫。这座石宫的建筑顺序是先削平半山腰，再开凿石窟，最后才修建宫殿。几百平方米的大厅殿居然没有一根柱子，真是巧夺天工。欧翁宫的两侧是石窟群，向东西延伸。

　　石窟内有住宅、寺院、浴室和墓窟。在一片人造的高地上有

两座方尖碑，高地被猜想成用于举行祭祀仪式的地方。

高祭台上是放祭品的地方，供奉着那巴泰人的两个神：杜莎里斯和阿尔乌扎。这里的祭台有排水道，可能是用来排放人血的。有迹象表明，那巴泰人曾用人来进行祭祀。

佩特拉城的石墓

佩特拉的那巴泰人传统上将他们死去的亲人葬于环绕城市的砂石峭壁之中，这里有着成千上万的坟墓。它们当中有些是简陋的石墓，有些则十分奢华。佩特拉的王陵并没有具体的名字，而是靠传统来决定。在修建皇陵的过程中，那巴泰人利用祖传石工技巧，加强和改造了如亚历山大之类的大都市中最新颖、最雄伟的建筑构思。

石墓后的房间比较小，有的只有一间外室，里面偶有刻出的石凳。佩特拉王陵外立面虽然没有人去维护，又经历了许多个世

纪以来地震、侵蚀和偶尔溜进来的盗墓贼的侵扰，但是它几乎完好无损。外墙上精美的石刻可能是当地石匠的杰作。当年这些墓被涂抹了用石灰石与沙制成的石膏，如今风沙剥去了石膏，裸露的岩石在阳光的照射下色彩变幻无穷，使陵墓充满生机，这是当年的建筑者没有料到的。

在佩特拉最后修建的大坟墓中，有一座是为罗马总督所建，称作"乌恩墓"，但是在446年，这座坟墓被改成了一座教堂。随着沙漠中的香料商路被慢慢荒废，取而代之的是红海的海上路线，沙漠中的城市生活随之土崩瓦解。最后，坟墓变得衰败不堪，雕像也剥落脱皮，曾经安葬过达官贵人的石室渐渐沦落为牧羊人遮风挡雨的场所。

佩特拉城的衰落

考古学家推断，在全盛时期，佩特拉城居民多达30000，城市规模比早期欧洲人估计的大得多。但佩特拉为什么被遗弃一直是人们百思不得其解的问题。就算它一度失去了商道的控制权，但仍然可以保持原状，那为什么它迅速衰亡了呢？

史学家分析认为，导致佩特拉城衰亡的原因可能是天灾。363年，一场地震重击了佩特拉城。震后，许多建筑沦为废墟，房屋的主人们无能力或者无心思将它们修复，渐渐地古城走向了衰亡。

延 伸 阅 读

约旦是一块人类文明的沃土。佩特拉古城的历史可以追溯至史前时代，它是约旦南部沙漠中的神秘古城之一，也是最负盛名的古迹区之一，2007年7月8日被评选为世界新七大奇迹。

古麻刺朗国王的王陵

意外发现小国家

古麻刺朗王国是古代东南亚的一个小小的岛国。在明代以前，我国历代朝廷均不知有这个小国的存在。至明朝永乐年间，随着我国经济的繁荣与发展，航海事业日新月异，朝廷不断派出庞大的使团对外进行经济、文化交流活动。

继郑和7次下西洋之后不久，明成祖又下令让太监张谦率团出

使东南亚一些国家，在途经浡泥等国家的航程途中，竟发现了一个以前从不知道的名曰古麻剌朗的小国家。张谦回国后当即将这个重大发现禀报明成祖。

出访古麻剌朗王国

1417年9 月，张谦作为皇帝的特使，手捧明成祖的诏书正式出访古麻剌朗国。他在晋见国王斡剌义亦敦奔时，代表明皇朝向其表达了友好之意，并赠上中国特产绒棉、纱罗、纻丝等礼物。古麻剌朗国王见自己一个小国家竟受到大明皇朝如此恩宠，十分欣喜，心想如果能进一步得到明皇朝的庇护，不但可以以此抵御周围一些国家的欺压和凌辱，而且还可通过贸易往来、文化交流促进本国的繁荣。

古麻剌朗国国王回访我国

1420年10月，古麻剌朗国王斡剌义亦敦奔决定启程朝贡大明皇帝。国王亲自率官员入贡，受到了明成祖的热烈隆重的欢迎和接待。整个京城锣鼓喧天，鞭炮齐鸣，皇城内锦衣卫陈设仪仗，庞大的宫廷乐队高奏起《感皇恩》曲子。

斡刺义亦敦奔国王入乡随俗，一切按照中国礼仪行事。他和其妻子、儿子、大臣身着大明皇朝朝服，下跪于丹陛，拱手加额，高声三呼成祖皇帝"万岁！"

成祖皇帝由翻译官向来贡国王说："国王远道而来，知尊中国，可佩可嘉，皇帝问您一路辛苦了！"

斡刺义亦敦奔国王回答："兹遇中官张谦，钦诣皇帝陛下称贺。我虽然是国人推选出来的，但未受大明的朝命，望皇帝幸赐之。"

明成祖当即答应了他的请求，下诏书仍以"古麻朗国"国号封之，并赐以印诰、冠带、仪仗、文绮、纱罗、金织袭衣，赐王妃冠服，赐各陪臣以彩币、衣服、文绮等物。当晚，明成祖在奉天大殿摆设盛宴款待古麻刺郎国嘉宾。

青少年科学探索营

古麻刺朗国王回国途中病亡

古麻刺朗国王一行自此在中国一住半年，1421年春天，起程回国。不料在路过福建时斡刺义亦敦奔国王染上重病，不久即不幸亡故。明成祖特赐谥号"康靖"，下令由礼部主事亲自主办丧礼，并按王公规格在当地营建陵寝。

1424年10月，古麻刺朗国新国王刺为报答明皇朝，派叭谛吉三等人奉金表笺到京，向大明皇上朝贡珠宝、长颈鹿等物。此后因东南沿海倭寇骚扰和西班牙入侵，古麻刺朗国不再派使臣到中国。时光流逝，转眼5个多世纪过去了。这个古麻刺朗国"康靖"王陵究竟现在何处？

古麻刺朗国国王葬于何地

不少海内外人士历尽艰辛希望寻找到康靖王陵，但终因历史变迁，至今未能查考到王陵原址。据有关报道称康靖王陵当在福州西郊凤凰池北之茶园山一带。福建省和福州市领导曾多次组织考古工作者去福州市郊踏勘查寻，但均未找到陵址。据凤凰池村老人讲，早年那里确实存在康靖王陵，陵前有石翁仲二，石马、石羊各一，分列在陵墓两边。石人着明朝朝服，一文一武。陵前

有一座石碑，碑文字体如蝌蚪状，无人认识。

1952年，在此兴建福州市传染病医院时，有人目睹石人、石马、石羊从茶园山半山坡上被推土机推下山来。目击者说康靖王陵呈圆丘形，陵前竖有两根旗杆，即望柱，面积约300平方米，封土系糯米汁、石灰、沙土拌成、非常紧固。但这些文物无一件保留下来。

据历史记载，自古麻剌朗国王病殁后，每年清明、重阳时节，明朝政府都派官员前往王陵祭祀。留在中国守陵的国王陪臣和他们的后代，均由当地政府发给俸薪和廪食。这些人随着历史岁月的流逝，已与中华民族融合在一起，在中华大地上繁衍生活。至今还能找到陪臣后裔葛氏家人。

葛蔚庵是其始祖，康靖王下葬后他就居住在王陵西边的洪塘镇，当地官府奉朝廷之命发给房屋、田产、俸薪。到明末，葛氏家族中已有不少人出人头地，迁往府城定居。

至晚清时散居在杨桥头、宦贵巷、仓角一带，大多从事教书

一行，有一叫葛世枢的还当过光绪皇帝的老师。现在葛氏家族中仍有不少是教育工作者，有的还以访问学者身份去欧洲讲学。葛福煌老人是当今葛氏家族的嫡传后人，他住在福州仓角头9号。据他说，仓角的葛氏词堂原存一族谱，由他保管。

祠堂面积有100多亩，堂内供有葛蔚庵神像，立有"洪塘葛氏祖宗神位"。

这可以证实葛氏祖先确实生活在洪塘，可惜后来伺堂改建为学校，族谱在动乱中被焚烧。然而，康靖王陵究竟在哪里呢？人们从点滴历史资料和调查访问中只能知道它很可能在福州市郊，至于具体何处是王陵原址，还难以考证。

延 伸 阅 读

在我国周边国家里曾有3位国王到明朝朝贡，病逝于途中，永乐皇帝赐葬于中原，最广为人知的是苏禄王，另外两个是渤泥国王和古麻剌朗国王。许多中国书籍都认为古麻剌朗位于菲律宾的棉兰佬。

泰姬陵新说是否有据

泰姬陵的传说

世界七大建筑奇迹之一——泰姬陵，华丽壮观，气势磅礴，举世闻名。屹立在印度亚格拉近郊亚穆纳河畔，是莫卧儿帝国第五代皇帝沙·贾汗为思念缅怀其宠妻阿姬曼·芭奴皇后而建造的一座陵园。

相传，年轻貌美的泰姬19岁就为莫卧儿皇帝生儿育女，共生了14个。1631年，在生最后一胎时，不幸因难产而离世。

沙·贾汗惊悉后，悲痛已极，在病榻前，他曾答应皇后两项遗愿：一是不再续娶；二是为她建造一座陵墓。此后，世人一直把泰姬陵视为沙·贾汗对爱情忠贞不渝的一个象征，也把它看成是印度莫卧儿伊斯兰文化中的瑰宝。

泰姬陵的巧妙设计

泰姬陵全长583米，宽304米，四周是红砂石墙，整座陵墓占地17万平方米。陵寝居中，东西两侧各建有式样相同的红砂石建筑：一是清真寺；一是答辩厅。两个对称均衡，左右呼应。

陵的四方各有一座高达40米的尖塔，内有50级阶梯。此塔专供穆斯林阿訇拾级而上，登高朗诵《可兰经》，高呼阿拉，祈祷朝拜之用。

从大门到陵寝有一条用红石筑成的甬道，两旁是人行道，中间有水池和喷泉，池水倒影，奇花异草、灌木浓荫，相互映辉。甬道末端即陵墓所在。整座陵墓建在一座高7米，长95米的白色大理石底基上。陵高74米，上部为一高耸重叠的穹顶，以苍天为背景，轮廓优美，下部为八角形的陵壁，四面各有一扇高达33米的巨大拱门。

　　门框上用黑色大理石镶有《可兰经》经文。其中有一句"邀请心地纯洁者，进入天堂的花园"。陵寝内还有一扇精美的门扉窗棂，传说是出自中国工匠的雕刻。在中央宫室里设有一道雕花的大理石围栏，内置放沙·贾汉和泰姬的两座大理石棺椁，但其真棺则安放于底下的一间地下室内。棺椁上以翡翠、玛瑙、水晶、珊瑚、孔雀石等20余种五颜六色的宝石镶嵌出精致的茉莉花图案，其工艺之精细、色彩之华丽，可谓巧夺天工，无与伦比。

　　由于整座陵墓系纯白大理石砌成，因此，一日之中，随着晨曦、正午和晚霞三时阳光的强弱不同，照射在陵墓上的光线和色彩就会变幻莫测，呈现不同的奇景，每逢花好月圆之夜，景色尤

为迷人。总之，陵园的构思和布局是一个完美无比的整体，它充分体现了伊斯兰建筑艺术的庄严肃穆、气势宏伟，富于哲理。那么这一宏伟壮观杰作的设计和建造者是谁呢？

建筑物的艺术风格争议

一是"波斯伊斯兰说"。数十年来，《大英百科全书》的作者一直认为，泰姬陵的建造者是沙·贾汗皇帝。主要设计者是波斯人乌斯泰德·伊萨，由他总揽其事，没有一个印度人参与构思。

二是"欧亚文化结合说"。代表人物是英国旧牛津学派的印度史学家史密斯。他认为，泰姬陵是"欧洲和亚洲天才结合的产物"。因为当时欧洲文艺复兴时代的一些建筑大师，如意大利人吉埃洛米莫·维洛内奥，法国建筑师奥斯汀·德·博尔多均参加了设计，并且在艺术风格上具有西方影响。

此说遭到印度穆斯林史学家莫因·乌德一丁·艾哈迈德的驳斥。后者在1904年写了一本书，题名《泰姬的历史》，完全否认这座具有典型的伊斯兰艺术的建筑物会出自西欧文艺复兴时代大师们的构思。

三是"主体艺术印度说"。持这一看法的学者中，有已故的印度著名史学家马宗达。他说，在探讨这一设计功劳归于谁时，不应忘却印度自身的因素。

泰姬陵的平面图和主要特点不完全是新的，它与苏尔王朝舍尔沙的陵墓和莫卧儿胡马雍的陵墓，在建筑上有师承关系。

就建筑材料为纯白大理石及其上面的宝石镶嵌工艺水平而言，在西印度的拉杰普特艺术中早已存在，不能把此陵的设计和建造完全归功于波斯的影响和支持作用。

考虑到莫卧儿时代对西方已开放，东西方文化交流日趋扩大，西方艺术的某些因素对印度建筑风格带来影响，也是符合历史逻辑的。可谓各抒己见，莫衷一是。然而，学者与史家的争论并没有到此罢休。

争议再次复燃

1968年，伦敦一家书店出售了奥克教授撰写的《泰姬·玛哈尔是一座印度教神庙圣殿》一书。此书问世后，使人颇为惊讶，于是，争端复起。少数学者开始搜寻论据，试图论证奥克教授之说是否言之有理。

1986年，一个名叫戈德博尔的人写了一本小册子《泰姬·玛哈尔？》。它以一问一答的对话方式，对泰姬陵是否沙·贾汉下诏建造一事，提出种种异议，并作了新的解释。

异议之一是，一些史书记载的建造泰姬陵"动用20000劳力，历时22年"的说法，源出于法国珠宝商人塔维尼埃之口，他在17世纪对印度做过5次访问，回国后写成《印度之行》一书。但他本

人并没有看到泰姬陵的破土动工，也没有目睹它的大功告成，更何况他不会讲波斯语和印地语。因此，他的道听途说之言，令人难以置信。

异议之二是，与塔维尼埃同时代的一些欧洲旅行家，在他们写的游记和报告中，均未提及此陵。

异议之三是，英国一些考古发掘报告书中，也无专门考证泰姬陵的记载，甚至连19世纪末就任印度考古总监的坎宁安勋爵也不曾访问过泰姬陵。

异议之四是，考虑到亚穆纳河河水的涨落，早在建陵前就已经有人修筑河堤与城墙，它们决非沙·贾汉所建。

异议之五是，根据波斯文编年史《帝王本纪》的记载和穆斯

林史学家赛·穆·拉蒂夫撰写的《历史上和记述中的亚格拉》一书的说法，"选择陵墓的遗址，原是曼·辛格王公的一座圣殿，但现今已归属其孙子贾因·辛格的财产了。"

　　戈德博尔得出的结论是，沙·贾汉从未建造泰姬陵，他只是在印度教王公的圣殿的基地上，拆除和搬迁了不符合他需要的东西，进行了改建。此说颇为新奇，但世人至今尚难以接受和信服。

延 伸 阅 读

　　一般史书的记载是，泰姬陵始建于1631年，由来自中亚各地、土耳其、波斯、印度和欧洲国家的建筑师和工匠参加营造。

乾陵石像为何没有脑袋

石像的头部为何会失踪

位于八百里秦川腹地的陕西省渭北山地，在这巍峨峭拔的群峰中，矗立着数十座我国汉唐帝王的皇陵。其中最为蜚声中外的要数武则天和她丈夫合葬的陵园，即乾陵。

乾陵占地有20000平方千米，规模宏大，气势雄伟。北面有玄武门，南面有朱雀门，东面有青龙门，西面有白虎门，4个门的石狮挺胸昂首，雄踞于门前。特别引人注目的就是朱雀门外的神道东西两侧，分布着两组石人群像。

这些石人残像高在1.5米至1.77米之间，大小和真人差不

多，人们习惯上把这些石像称之为"蕃像"、"宾王像"。这些与真人大小相仿的石人，穿着打扮各不相同，他们都双双并立，两手前拱，姿态极为谦恭，仿佛在这里列队恭迎皇帝的到来。

但最为奇怪的是，这些石像都是没有脑袋的，这就让人产生了许多的疑问，为什么乾陵会用这些没有头的石像守陵呢？这些石像的头部失踪是人为的呢？还是天灾呢？

不同学者的观点

关于石像没有脑袋的原因，可谓是众说纷纭。

一种说法就是，这些石像的头部是被明朝的百姓砍掉的。在明末初期，有个外国使节到乾陵去游玩，发现自己的祖先竟然被立在这里给唐朝的皇帝守陵，自尊心受到了强大损害，便想把这些石像给毁了。但是他又怕引起当地民众的不满，于是便想到了一个妙计。他每天晚上都要到庄稼里践踏粮食，然后和百姓说这都是那些石像做的。要想保护好庄稼和粮食就必须把这些石像消灭掉，砍掉它们的脑袋。当地的群众信以为真，于是一气之下便把这些石像的脑袋给砍掉了。

还有一种说法认为是八国联军侵华时，看见唐乾陵前面立着外国使臣的群像，同样感到有辱他们的脸面，于是就把石像的脑袋给砍掉了。但是这种说法毫无根据，因为据历史学家考证，当时的八国联军并没有来到乾陵这个地方，哪来的砍石像一说呢？

考古学家的研究分析

虽然都是民间传说，不能作为依据，但考古学家又进一步对此现象进行了分析，发现可能是自然灾害给这些石像带来了灾难。通过大量资料证明，在明嘉靖年间，也就是1555年的1月23日这一天，在陕西华县一带发生了强烈地震。由于地震发生在子夜，所以致使80多万人死于这场地震中。而乾陵距华县只有100多千米，同样属于震中地带，乾陵也因此遭受到了毁灭性的打

击。据专家们推断，这场地震才是造成这61座石像头部断裂的主要原因之一。巧的是，许多陵前的石像石马都是在头部上受损了。再有就是这些石像的材质不是很结实，由于当时采用石料的石料中有一些石瑕，所以石像受损的时候，头部是最容易出现问题的。

研究人员推断，这61尊石像很有可能是一部分毁于那场大地震中，还有一部分是毁于明末清初的那些战争中。即使这些石像已经遭到毁坏，但还是可以从他们的形象中发现大唐盛世的景象。

延 伸 阅 读

乾陵，是中国乃至世界上独一无二的一座两朝帝王、一对夫妻皇帝合葬陵。里面埋葬着唐王朝第三位皇帝高宗李治和中国历史上唯一的女皇帝武则天，是全国重点文物保护单位。建于684年，历时23年才修建完成。

木乃伊是如何形成的

墨西哥木乃伊的恐怖

　　用人工药制的木乃伊并不稀奇，以此而形成的木乃伊博物馆也不奇怪。但位于墨西哥的瓜纳法特木乃伊博物馆里保存的几百具木乃伊的标本就不同了。因为这所博物馆里的木乃伊都没有经过任何防腐处理，这些尸体都是从棺材里搬出来，陈列在玻璃橱里供人参观的。

　　这些木乃伊可以说是其他博物馆所没有的，不但尸体没有腐

化，而且更令人毛骨悚然的是所有的木乃伊或坐或站，其形状异常恐怖，曾吓倒许多游客，许多听说此事后从远道来的参观者当场被吓昏过去。即使是胆子大的，走进去也会被吓得魂飞魄散，让人感到可笑的是博物馆当局在出口处竖了一块警告牌："希望驾车来的游客最好不要立即开车。"怕驾车的人在惊吓之余会出车祸。

木乃伊的身份

墨西哥的气候环境大致上与埃及的气温相差不多，照理说在尸体的保存上，假如未经防腐处理尸体不可能不腐化。而这里的木乃伊比埃及的木乃伊要完整得多，也恐怖得多，其陈列品的年龄，从老至小，甚至还有胎儿。

博物馆特别声明，这些陈列的木乃伊都不是什么贵族身份，只是极普通平凡人的尸体。其中年代最久的是104年前死去的人，新的是1960年才死去的人。

木乃伊的死相

在许多玻璃橱窗里，一些木乃伊默默的以空洞的眼神迎接着参观的游客。陈列在那里的木乃伊各有各的死相，有穿着衣服不像衣服的女孩，有穿着只剩一只鞋子的死者，还有抱着孩子的女人，这里面竟还有一个身着燕尾服的绅士。

从死相上看，这些都属于正常死亡，死时好像没有发生什么特殊情况。但有的木乃伊可就不同了。其中有一个木乃伊很明显的是在斗殴时被刀子捅死的，他的眼球突出，一副痛苦不堪的模样。另一个是受刑的人，舌头还伸在外面，看得出死的时候很痛苦。其中有一位女性木乃伊好像是被活埋的，从她的样子来看想必她在棺中苏醒时经过拼命的挣扎，显然她的努力是徒劳的，她的死相恐怖绝望，令人毛骨悚然。

尸体为何不腐化

所有的尸体并没有经过特殊的处理，而都是自然形成的木乃伊，那为什么在自然的空气中不会腐化呢？据研究，可能是与这里的空气温度与地域性空气的化学成分有关，这里是墨西哥最著名的干旱地带，空气中含有很多硝，这是一种自然形成的

防腐剂。但这是不是天然木乃伊的形成原因，还有待于科学家的进一步研究。

古埃及人的观念

很早的时候，古埃及人就有灵魂不死的观念。他们把人的死亡，看成是到另一个世界"生活"的继续，因而热衷于制干尸、修坟墓，让死去的人类在另一个世界里生活得更好。

他们用盐水、香料、膏油、麻布等物将尸体泡制成木乃伊，再放置到密不透风的墓中，就可经久不坏。然而，尸体只是经过简单的炮制就能达到经久不坏吗？事实上，木乃伊的制作要复杂得多。那么，木乃伊是如何制作的呢？

木乃伊制作步骤

前后3000多年期内，古埃及人将尸体制成木乃伊的方法有不少改变。不过多数学者专家认为防腐方法在公元前10世纪左右发展至巅峰，当时一位第一流的防腐师是依据下列步骤制作木乃伊的。首先，用燧石刀在尸体腹部左侧开个0.1米长的切口，从切口把心脏以外所有其他内脏掏出来，逐一用酒和含有药液、桂皮的香料加以清洗。

防腐师还用香柏油冲洗尸体腹腔，把余下的柔软组织分解，接着，准备取脑。然后，把尸体全身每部分都彻底清洗，并把所有器官和尸身埋进泡碱粉末堆中，抽干水分。接着，防腐师把干透的内脏逐一以麻布包好，放回腹腔，用锯屑、麻布、焦油或泥巴之类的填料填好腹腔。填放完毕，随即将切口缝合。这时剩下来的工作是使尸体外观复原，也是最费功夫的，因为要把干瘪的尸身恢复生前模样实在不容易。

最后，防腐师还要充当化妆师，用称为赭石色的泥土替死者面部以至全身染色，男死者染红色，女死者染黄色。染色完毕，尸体即可包裹。防腐师将尸体四肢分别以抹过松香的麻布一层一层地密实包裹，然后包裹头部和躯干，最后全身裹起来。防腐师

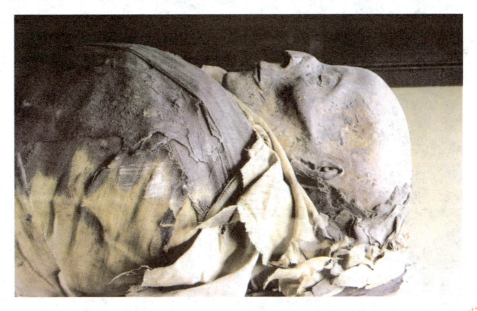

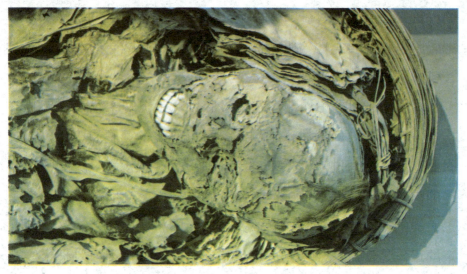

包好尸体，做成一具木乃伊，前后共花约70天时间。跟着防腐师把木乃伊送还丧主，丧主再装棺送墓。

当然，这也只是专家的一种推测，其真正的制作方法还有待进一步去探索。

延 伸 阅 读

印加人将童男童女供奉给神灵，而安第斯山脉的干冷空气将他们的身体冷冻起来。他们或许是20世纪最重要的木乃伊发现。这些木乃伊被厚厚的布料捆绑着，成为印加人的珍贵遗迹。从这些木乃伊的身上可以了解许多秘密，尤其是他们的血液仍然凝结在血管中，这是极其罕见的发现。

印加帝国是瘟疫所灭吗

印加帝国的文明

印加帝国文化发祥地所在的的喀喀湖畔，虽然在高达4000米的高原中，但它具有丰富的水量，一片绿茵，阳光充足，是农业立国的最好地方。在这里，印加人胼手胝足，以最进步的方法建筑了漂亮宏伟的宫殿，并且遵照日出而作，日落而息的自然法

则，男耕女织，休养生息，这是多么安详的一个部落。

印加人信奉太阳教，接受太阳神统治帝国的说法。他们还有进步的政治制度，能够推动完善的法律来治理百姓，绝不以严刑酷法刁难人们。

以农业立国的印加人，早在公元前400年就知道集约栽培法，他们栽培玉米的技术是高超而无人能与之相比拟的，此外印加人在纺织品的生产技术上，更有伟大的突破，各色各样的织法以及各种形态的精致图案，都具巧夺天工的技巧。

由于发掘了金矿，在帝国庄严的宫殿建筑上，四处均镶着金饰品，灿烂耀目，光彩辉煌，但这也同时为其本身带来了不幸的灾难。

印加帝国的灭亡

在印加帝国到了多拿卡巴克王统治时，造成了印加无与伦比的盛世，多拿卡巴克王死后，把印加帝国分为两部分，传与瓦斯卡尔和阿达瓦尔巴两个儿子来统治，于是在1532年，手足相残、互不相让的战争种下了自取灭亡的祸因。

"他们在太平洋上，乘坐浮于水面的大房子，掷出快如闪电、声如雷霆的火团，渐渐靠近了。"正如预言所说，猫眼、尖鼻、红发、白皙的皮肤、蓄着胡须的天使回来了，印第安人甚至没有抵抗，便献出一座空城逃逸了。

　　其实，他们错了，这一批被误认为神灵的人，是西班牙征服者比萨罗和他率领的180名士兵。

　　比萨罗深知必须擒获印加帝王的皇帝，方可掳获更多的金银财宝，于是比萨罗和同来的西班牙籍神父商量后，邀请印加皇帝阿达瓦尔巴前来卡萨玛尔卡镇，接受天使的蒙召，阿达瓦尔巴带着2000名壮士，手无寸铁地诚心接受召见，谁知竟然遭受监禁的命运。

　　比萨罗囚禁了皇帝，便将所有珍宝集中，并冷酷地杀死国王，以除后患。贪得无厌的比萨罗在杀死国王后，率兵前往印加首都库斯科，企图搜寻更多的宝藏，然而令人诧异的是，在库斯科城中，无论是宫殿、神庙都空无一物，连称为"太阳的尼姑庵"中百位美女也不知去向，整个库斯科城成了一座死的城市。

印加帝国的人们以及财富，何以霎时之间消失得无影无踪？至今仍令历史学家们费思难解。

印加人民及财富去了哪里

有一种说法是印加人民自知抵抗不过刀剑锐利、心思狠毒的西班牙人，于是用竹筏载着国王的木乃伊，和国内所有的金银财宝，经向上天祈祷过后，把这些昂贵的宝物沉入250米深的的的喀喀湖中。

然而仔细思考，印加人拥有70000精锐骑兵，难道不敢和180名西班牙人做殊死战，而任由比萨罗横行霸道？却私下做大迁移，逃向不为世人知晓的高山中，这似乎不能令人满意。

如今，许多考古学家在绵延的安第斯山脉中，陆续发掘到许

多印加帝国的遗迹，证明印加人确实曾经抛弃辛苦经营的帝国，而在蛮荒的山地中再建王国。

在玛殊比殊，考古学家丙海姆发现了一个洞穴，两边排着雕琢极工整的石块，可能为一陵墓，陵墓上是一座半圆形建筑物，外墙顺着岩石的天然形势建造，契合的巨石间插不进一张纸，墙是用纹理精细的纯白花岗岩方石砌成，匠心独具，颇有艺术价值。

在这山上的墓穴中的骨骸，女性占绝大多数，从其中贵重的明器也表示她们是重要的人物，是否当年"太阳的尼姑庵"中的美女被送到这里，继续为印加帝国祈祷呢？

是瘟疫造成的吗

由于印加人没有发明文字记载，使得遗留下来的问题更具神秘性。又有一些学者根据印加人的记录，大胆推测当时印加帝国

虽然拥有高度文明，但却被突袭而来的恐怖瘟疫横扫全国。

　　然而就算是发生瘟疫，难道当时的西班牙人具有免疫力？即使印加人认命了，纷纷向瘟疫低头，垂首等死，试想1100万的人口，如何能消灭殆尽？

　　遗留下来的谜疑云重重，从而替古代印加帝国的神秘灭亡增添更多色彩，有没有可能在西班牙人入侵印加帝国时，另一位国王瓦斯卡尔率领着数以百万的印加人深入蛮荒的安第斯山中，以无比坚毅的信念与勇气，在整座山上遍筑藏身的栖息之所，于是一座座宏伟的建筑物在隐蔽的丛林中再现，当他们养精蓄锐，打算再度恢复印加势力时，一场大瘟疫的侵袭使残存的印加人无力再重振势力，只得继续逗留在丛林中，埋葬死者，消灭遗迹，为了避免再度引起纷争，他们摧毁了高度的文明，企图掩饰当年印

加帝国的强盛……然后以最简单的方式，聚集部落为生，形成今日印第安人的祖先呢？

众说纷纭，只有等待历史学家、考古学家们集思广益，为它寻求一个正确的解释。

延 伸 阅 读

印加人是美洲本土最大帝国的统治者。在将近14世纪末的时候，印加帝国从南美洲的南安第斯山脉的库斯科地区开始扩张。但是当1532年由弗朗西斯科领导的西班牙人开始入侵的时候，扩张就被迫仓促结束。在印加帝国灭亡的时候，它已经控制了大约1200万的人口，他们大部分是秘鲁和厄瓜多尔人，当然也有很大一部分智利、玻利维亚和阿根廷人。

真的有诺亚方舟吗

诺亚方舟的出处

诺亚方舟是出自圣经《创世记》中的一个引人入胜的传说。

由于偷吃禁果，亚当夏娃被逐出伊甸园。亚当活了930岁，他和夏娃的子女无数，他们的后代子孙传宗接代，越来越多，逐渐遍布整个大地。后来，因堕落本性的人的怨恨与恶念与日俱增，人们无休止地相互厮杀、争斗、掠夺，人世间的暴力和罪恶简直到了无以复加的地步。

上帝看到了这一

切，他非常后悔造了人，对人类犯下的罪孽心里十分忧伤。上帝说："我要将所造的人和走兽并昆虫以及空中的飞鸟都从地上消灭。"

在罪孽深重的人群中，只有诺亚在上帝眼前蒙恩。上帝认为他很守本分，他的3个儿子在父亲的严格教育下也没有误入歧途。上帝选中了诺亚一家作为新一代人类的种子保存下来。上帝告诉他们要用洪水实施大毁灭，要他们用歌斐木造一只方舟，分一间一间的造，里外抹上松香。方舟上边要留有透光的窗户，旁边要开一道门。方舟要分上中下3层。

上帝看到方舟造好了，就说："看哪，我要使洪水在地上泛滥，毁灭天下，凡地上有血肉、有气息的活物无一不死。我却要与你立约，你同你的妻子、儿子、儿媳都要进入方舟。凡洁净的畜类，你要带七公七母，不洁净的畜类，你要带一公一母，空中的飞鸟也要带七公七母。这些都可以留种，将来在地上生殖。"

2月17日那天，诺亚600岁生辰，海洋的泉源都裂开了，巨大的水柱从地下喷射而出。天上的窗户都敞开了，大雨日夜不停，降了整整40天。水无处可流，迅速地上涨，比最高的山巅都要高。凡是在旱地上靠肺呼吸的动物都死了，只留下方舟里人和动物的种子安然无恙。方舟载着上帝的厚望漂泊在无边无际的汪洋上。

上帝顾念诺亚和方舟中的飞禽走兽，便下令止雨兴风，风吹着水，水势渐渐消退。诺亚方舟停靠在阿拉特山。又过了几十天，诺亚打开方舟的窗户，放出一只乌鸦去探听消息，但乌鸦一去不回。诺亚又把一只鸽子放出去，要它去看看地上的水退了没有。由于遍地是水，鸽子找不到落脚之处，又飞回方舟。七天之后，诺亚又把鸽子放出去，黄昏时分，鸽子飞回来了，嘴里衔着橄榄叶，很明显是从树上啄下来的。再过7天，诺亚又放出鸽子，

这次鸽子不再回来了。

　　诺亚601岁那年的1月1日，地上的水都退干了。诺亚开门观望，地上的水退净了。到2月27日，大地全干了。于是，上帝对诺亚说："你和妻儿媳妇可以出舟了。你要把和你同在舟里的所有飞鸟，动物和一切爬行生物都带出来，让它们在地上繁衍滋长吧。"于是，诺亚全家和方舟里的其他所有生物，都按着种类出来了。后世的人们就用鸽子和橄榄枝来象征和平。

　　这就是"诺亚方舟"故事的由来，虽然是个传说，如果能证明"诺亚方舟"也是真实的，那么这个发现肯定将在全世界引起轰动。所以，很多年以来，许多国家的圣经考古学家都希望揭开这个千古之谜。

阿拉拉特山上有方舟吗

　　《圣经》清清楚楚地记载着诺亚方舟停靠在阿拉拉特山顶，这样，它就给人们留下了一个流传千古的谜：阿拉拉特山上到底有没有诺亚方舟呢？

阿拉拉特山位于土耳其、伊朗和前苏联交界的地方，山势陡峭，终年积雪。公元前300年，巴比伦的一个祭司和作家洛贝斯曾在一本书中说，有人曾走近过诺亚方舟。

13世纪意大利著名的旅行家马可·波罗离开我国后，曾实地去过阿拉拉特山，他在日记中记道：诺亚方舟依然停泊在山峰的极顶，那里终年积雪，方舟就淹没于积雪之下。

人类不断寻找方舟

千百年来，不论是历史学家、考古学家，还是探险家、信仰宗教的人，都蜂拥而至，历尽艰难，要寻找那与我们命脉息息相关的方舟。从1792年开始至1850年、1876年，探险家们屡次登上了阿拉拉特山顶，但不见方舟踪影。

1883年，一次大地震使阿拉拉特山的一个地段裂开了一道大

口，突然露出了一艘船。当时有个赴地震灾区考察灾情的委员会的所有委员都看到了这艘12米至15米高的大船，因为一大部分还嵌在冰川里，无法估计它的长度。

这个消息震惊了全世界，从此，寻找诺亚方舟的热潮再次席卷全球。

1955年7月5日，法国探险家费尔南·纳斯和12岁的儿子拉斐尔在一条山缝的底部，找到一块方形的经过加工的木料，经碳-14测定，这块木料已有5000年至6000年的历史，即与公元前4000年建造诺亚方舟的年代是吻合的。1974年，土耳其卫星在阿拉拉特山再次拍到方舟卫星图片。

人们一定要找到方舟，因为它是人类的摇篮，可是找到方舟到底又有何用？也许，诺亚方舟还没有找到，上帝又在密示开始打造下一座方舟了。

延 伸 阅 读

1989年，美国查克·阿伦驾驶直升机在飞临阿拉拉特山时也发现了被冰川覆盖了一部分的方舟。第二次世界大战后，苏联马斯科莱茵少校驾驶一架飞机，也在阿拉拉特山上发现一艘巨大的木船，船只的一半已没入冰河中，长度大约120米，与《圣经》记载的125米基本吻合。